Das Fühlen

ein Sinn wie

jeder andere

Aziz Djendli

1. Band

Herstellung und Verlag: BoD – Books on Demand,
Norderstedt
ISBN: 9783759749765

Übersetzung: Susanne Gilfert
Schriftsatz: Susanne Gilfert
Layout: Susanne Gilfert
Covergestaltung: Stefan Turk

Zitate:

„Der Körper als ein Ganzes ist Ausdruck, komme dieser Vision näher, komme dieser Vision näher.“

Suhrarwardi

„Man sieht nur mit dem Herzen gut.
Das Wesentliche ist für die Augen unsichtbar.“

Sain Exupery

„Das Gehirn sorgt sich in erster Linie um den Körper.“

Robert Ornstein

„Wenn dir der Unterschied zwischen Inhalt und Gefäß klar wird, hast du Wissen.
“

Idries Shah

Vorwort

In diesem einfachen Handbuch findest du praktische und technische Hinweise, die das Resultat lebenslangen Lernens und Sammelns von Erfahrungen sind.

Die hier aufgeschriebene Theorie und praktische Ausführung von Techniken zeigen auf, wie man die Fähigkeit erlangt, mit dem Körper zu sehen, als nur mit ihm zu fühlen.

Du wirst hier lernen das Bewusstsein deines Körpers zu konsultieren.
Einmal für dein eigenes Wohlbefinden, sowie auch das von denen, welche dich umgeben.

Ich hoffe du hast Genuss beim Lesen und machst für dich Entdeckungen.

Mit meinen besten Wünschen,

Aziz Djendli

Der fehlende Sinn

Als Kindern wurde uns beigebracht, dass wir 5 Sinne haben: Sehen, Hören, Schmecken, Riechen und Tasten.

Das ist eine wissenschaftliche Gegebenheit.

Wie auch immer, wir können einen weiteren Sinn hinzufügen, der auf einer positiven Erweiterung unseres Bewusstseins basiert, wenn wir akzeptieren, dass die Art und Weise, wie wir uns fühlen oder wahrnehmen ein stabiler funktionierender Sinn wie alle anderen ist.

Mit diesem Sinn verbinden wir uns gelegentlich, aber nicht oft genug.

Wir sind dadurch oft in einem Zustand von Leere und Unvollkommenheit.

Die Ursache dafür kommt von unserem natürlichen inneren Wunsch, unser Leben mit uns selbst und in Verbindung mit anderen tiefer und ganzheitlicher erfahren zu wollen.

Dieses innere Bedürfnis wird von uns oft fehlgedeutet und bringt uns dazu , uns zu stark mit unserem Intellekt und Verstand zu verbinden, mit dem Versuch, diesen Mangel damit zu ergänzen.

Der Verstand und der Intellekt zählen aber nicht zu den Sinnen. Wir werden oft abhängig von unserem Verstand und es bleibt dabei, daß wir uns dann frustriert fühlen.

Daher erklärt sich die Notwendigkeit die Fähigkeit unser Fühlen zu entwickeln, was uns auch helfen wird unseren Verstand besser nutzen zu können.

Lernen wie man Fühlt

Das Fühlen ist eine natürlich Aktivität.
Das Ziel des Buches ist dir bewusst zu machen, wie wenig wir unsere Fähigkeit zum Fühlen nutzen und wie es für jeden wichtig ist zu lernen es mehr zu gebrauchen.

Das Buch bietet dir einen informellen positiven Rahmen, indem du deine eigenen sensorischen Fähigkeiten aufbauen und entwickeln kannst.

Übungen zum aktivieren deiner sensorischen Fähigkeiten

Diese Übung kannst du machen, wann immer es dir möglich ist, am Morgen,- nachmittags und am Abend.
Gestalte und praktiziere sie nach deinen eigenen Bedürfnissen.

NIMM DIR EINE WEILE ZEIT, UM DICH RUHIG HINZUSETZEN. ENTSPANNE DICH UND WERDE DIR SANFT DEINES KÖRPERS BEWUSST.

GEHE JETZT MIT DEINER AUFMERKSAMKEIT ZU DEINEM ATEM, GANZ SANFT OHNE IHN ZU BEEINFLUSSEN.

WERDE DIR DER UNTERSCHIEDLICHEN GEFÜHLE, WELCHE IN DEN VERSCHIEDENEN TEILEN DEINES KÖRPERS ENTSTEHEN BEWUSST.

VERSUCHE EIN GEFÜHL DER FREUDE UND DES VERGNÜGENS ZU EMPFINDEN, DA DER KÖRPER STÄNDIG

IM GEGENWÄRTIGEN MOMENT LEBT UND IN JEDEM MOMENT DES KONTAKTES MIT IHM EINE REIHE UNTERSCHIEDLICHER EMPFINDUNGEN AUFTAUCHEN UND DIR GEWAHR WERDEN.

Wiederhole diese einfache Abfolge für einige Minuten am Morgen, am Nachmittag und am Abend. Bald wirst du bemerken, wie dein Bewusstsein allmählich mehr aktiviert wird.

Konsultiere deinen Körper

Den Körper zu fühlen bzw. zu konsultieren, ist eine einfache und sehr positive Erfahrung.
Es ist in der Tat einfach, sich über das Spüren mit dem Körper zu verbinden und ihn so den ganzen Tag über wahrzunehmen .
Um das zu machen, brauchst du dich nur dafür zu entscheiden, dass jetzt der richtige Moment ist, dich mit allem zu verbinden, was du fühlst.

Das eigentliche Verfahren ist ganz einfach:

Nimm alle Empfindungen in deinem Körper wahr und alles was an Gefühlen in dir aufsteigt.
In diesem Augenblick betrittst du eine Welt angefüllt mit warmen Emotionen, Informationen, Gefühlen und Absichten.
Es ist ganz einfach deine innere Welt in diesem Augenblick.

Die Verbindung des Intellekts mit der Wahrnehmung

Manche Menschen meinen, dass der Verstand oder der Intellekt ein Sinn zum Wahrnehmen wäre und darum glauben sie diese benutzen zu können, um ein besseres Verständnis von ihnen selbst oder anderen zu bekommen. Dem ist nicht so.

Der Verstand ist angefüllt mit Glaubensinhalten und Vorurteilen.
Mit anderen Worten er ist nicht mit der physischen Realität verbunden, sondern mit dem eigenen Verstehen und Wahrnehmen der Realität.

Dagegen sind der Atem, der Körper und das Fühlen vollkommen in der physischen, organischen Realität.

Wenn sich der Intellekt mit dem Körper verbindet, ist es effektiver und funktioniert besser und ist mehr im Einklang mit der Realität.
Man könnte es als einen „organischen Intellekt "bezeichnen.
Daher der Ausdruck „mit dem Körper denken."

Tatsächlich gibt es keinen Konflikt zwischen Geist und Körper.
Das ist eine andere Illusion, welche von der Neurowissenschaft vollkommen widerlegt worden ist und in Teilen auch von Robert Ornstein über die Einheit von Körper und Geist.
Falls wir uns wohl fühlen wollen, müssen wir einfach unseren Geist mit dem verbinden, was unsere Sinne uns sagen.

Obwohl dieser letzte Punkt offensichtlich erscheinen mag, wird er oft durch die Schleier der Konditionierung verdeckt, die den regelmäßigen Zugang zu unserer Wahrnehmungsfähigkeit viel schwieriger und komplizierter machen, als wir uns vorstellen können.

Zum Beispiel die Tendenz, unsere Wahrnehmungsfähigkeit abzutun, indem wir sie mit Tagträumen gleichsetzen.

Tatsächlich haben alle Menschen diese Fähigkeit zu Spüren, und die Streitkräfte zum Beispiel, insbesondere die Eliteeinheiten verstehen den Wert und die Funktion von „sensorischen Warnungen."

Mit dem Körper Musik hören

Wähle eine Musik die du magst. Zu Beginn am besten eine ohne Worte.
MACH ES DIR BEQUEM, INDEM DU DICH OPTIMAL IN SITZENDER HALTUNG POSITIONIERST. WERDE DIR DEINES KÖRPERS BEWUSST UND FÜHLE IHN.VERFAHRE IN GLEICHER WEISE MIT DEINEM ATEM.

WENN SICH DEINE EINDRÜCKE UND GEFÜHLE STABILISIERT HABEN, DANN SPIELE DEINE MUSIK, HÖRE IHR ZU MIT DER KLAREN ABSICHT:
„ ICH MÖCHTE DIESE MUSIK MIT MEINEM KÖRPER HÖREN UND IN HARMONIE MIT MEINEM ATEM."

Wenn du dich auf diesen Prozess einlassen kannst, wirst du eine erhöhte Wahrnehmung der Musik und eine ganz andere reichhaltigere Erfahrung im Vergleich zu der üblichen Art zu hören bemerken.

Eine andere Annäherung die Musik zu hören wäre, zu versuchen sie mit den Händen wahrzunehmen. Du fokussierst beim Hören deine Hand oder beide Hände und schaust was passiert.

Es ist ein einfaches Experiment aus der angewandten Neurowissenschaft.

Erfahrungen mit den sensorischen Fähigkeiten

Die Musik mit den Händen zu hören, scheint eine unmögliche Idee zu sein.
Diese Haltung jedoch kommt von unserer Konditionierung, welche unsere Wahrnehmung einschränkt und auch unser Potential den Reichtum unserer Verbindung mit der Welt und uns selbst.

Tatsächlich entspricht das Gegenteil der Wahrheit.
Es macht mehr Sinn, denn bei dieser Art von Aktion, wie zum Beispiel beim „Zuhören der Musik mit dem Körper", machen wir einen breiteren und erfüllenderen Gebrauch von unseren Sinnen und damit von uns selbst.

Ich glaube, daß wir es uns selbst schuldig sind, diesen emphatischen Ansatz zu entwickeln, um unsere Beziehung zu unserem Körper und damit zu unserer allgemeinen Gesundheit und unserem Wohlbefinden zu verbessern.

Tiefe, ruhige Freude deines Körpers

Wenn du die nun folgenden Informationen liest, versuche sie mit den Erfahrungen deines eigenen Körpers zu verbinden.

Die unterschiedlichen Teile deines Körpers arbeiten so zusammen, dass sie einen natürlichen Zustand von Gleichgewicht und Freude kreieren.

Die Hände und Füsse werden in keiner Weise „unterdrückt". Sie sind von Natur aus aktiv und positiv engagiert, so wie sich das Meer unaufhaltsam auf das Ufer zubewegt.

Ein Geheimnis, welches kein Geheimnis ist:

WENN DU STÄNDIG IN KONTAKT MIT DEINEM KÖRPER BIST, WIRST DU IMMER MIT DEM GEFÜHL VON TIEFER ANDAUERNDER FREUDE VERBUNDEN SEIN.

Mach es zu deinem festen Vorsatz, die einzige Disziplin zu erleben und zu entwickeln, die sowohl positiv als auch gesund für deinen Körper ist:
Die eines stillen Gefühles der Freundschaft mit deinem Körper und dir selbst.

Gehe einfühlsam mit dir und deinem Körper um

Manchmal mit der untrüglichen Fähigkeit, die viele von uns zu haben scheinen die Dinge zu verkomplizieren, fragst du dich vielleicht, wie du dich jemals mit dir selbst anfreunden kannst. Die Antwort ist so offensichtlich, dass wir sie oft nicht sehen. Der tiefste und direkteste Weg sich mit dir selbst anzufreunden, besteht darin, das Fühlen und das Spüren deines Körpers zu entwickeln.

Tatsächlich ist es so, wenn eine Person aktiv mit sich in Berührung ist, fühlt sie sich geliebt. Das wiederum produziert unter anderem die Endorphine.

Es ist wirklich so, wenn du zu deinem Körper in seiner eigenen Sprache sprichst, sendest du ihm eine physiologische Nachricht, dass es deine Aufmerksamkeit hat.

Die Reaktion des Körpers darauf besteht, dass er sich dir gegenüber mehr öffnet und du ihn dadurch noch besser Fühlen kannst.

Du entdeckst eine völlig neue Welt des Fühlens und der Empfindungen.
Es ist eine nie endende Reise von jemanden, der in sein eigenes Königreich, in seine Heimat zurückkehrt.

Früher oder später lernst du auf dieser Reise, dass du diese Verbindung zu deiner Heimat, deinem Körper niemals aufgeben solltest, indem du äußeren Illusionen oder den Rufen täuschender Sirenen folgst, die wie ein Gedankengang dich dazu bringen, dich zu verirren.

Es ist eine Frage des Lernens oder auch des Umlernens , mit deinem Körper zu denken.

Ein gesunder Geist in einem gesunden Körper

Dieses berühmte Sprichwort ist ein grundlegendes Naturgesetz.
Dies ist einer der Gründe, warum antike Zivilisationen die Philosophie nur durch ein Leben in Harmonie mit kulturellen und anderen physikalischen Disziplinen lernten.

Daraus folgt: „ Mit dem Körper zu denken" heisst ganz einfach ,ein Gefühl des Seins zu entwickeln, was in völliger Harmonie mit deinen körperlichen Gefühlen ist.

Das führt allmählich zu einem stabilen Bewusstseinsniveau, wo dein Verstand effektiver arbeiten kann, weil er nicht mehr alleine ist. Er ist immer mit einem lebendigen hilfreichen Körper verbunden.

Wenn du eng mit Deinem Körper verbunden bist, du zu lange über Dinge nachdenkst, sendet dir dein Körper eine Nachricht, welche dich auffordert eine Pause zu machen! Er kann dadurch auch verhindern, dass du Kopfschmerzen bekommst oder einen Verlust an Wohlbefinden erleidest.

Das sind effektive „sensorische Warnungen", die von deinem Körper ausgelöst werden, der im Gleichklang mit deinem Geist agiert und in einem voll funktionsfähigen organischen Zustand der Harmonie arbeitet.

Körperalarm

Unser Körper zeigt uns, wie wir in unserem tägliches Leben effizient und effektiv sein können.Tatsächlich spielen unsere Körper eine Schlüsselrolle bei der Unterstützung unserer grundlegenden Funktionen als Menschen, indem er uns hilft in einem gesunden stabilen Zustand zu bleiben.

Wenn der Körper ein Signal zu unserem Bewusstsein sendet, tut er dies, um ein größeres Gefühl der Balance und des Gleichgewichtes zu erzeugen.
Unser inneres Alarmsystem besteht aus bewussten und unbewussten Absichten beide sind völlig positiver Natur.

Wie man eine Person sensorisch wahrnimmt:

Technik und Verfahren

Um eine andere Person richtig wahrnehmen zu können, müssen wir ausreichend zentriert und mit uns selbst verbunden sein, damit wir uns zuerst einmal selbst spüren.

Sobald wir unseren eigenen Körper spüren können, sind wir in der Lage, außerhalb von uns selbst zu spüren und unsere Wahrnehmungsfähigkeit auf eine andere Person auszuweiten. Wir etablieren eine sensorische Verbindung mit dieser Person. An diesem Punkt können wir dann in uns selbst überprüfen, was wir spüren oder von der anderen Person empfangen.

Wir lernen bei dieser Technik, wie 3 Sinne zusammenarbeiten: das Sehen, das Hören und das Fühlen.
Unsere eigenen Erfahrungen als menschliche Wesen zeigen uns deutlich, dass unser Körper, wenn wir ihn wirklich spüren, äußerst nützlich sein kann, um wahre Empathie zu üben.

Körperliches Einfühlungsvermögen

Es ist leicht im wirklichen Leben zu erleben und zu demonstrieren, dass eine andere Person, wenn wir sie wahrnehmen, sich bewusst wird, dass sie wahrgenommen wird und daher „lebendig“ ist.

In menschlichen Beziehungen fehlt das oft, das Spüren mit dem Körper.

Wir sind gewohnt das Sehen und das Hören zu benutzen, aber wir sind nicht genügend geschult gleichzeitig genauso gut zu fühlen.

Das Wahrnehmungsdreieck aus Sehen, Hören und Fühlen ist eine hervorragende Möglichkeit, eine ganzheitliche Kommunikationsebene und ein hohes Maß an Empathie zu anderen Menschen herzustellen.

Es ist ein allgemeines Bedürfnis unter den Menschen, das unbewusst und unzureichend erfüllt sein kann, nämlich gespürt und anerkannt werden zu wollen.

Das sensorische Wahrnehmen erzeugt eine einzigartige Qualität von Aufmerksamkeit, das im Einklang mit dem Bild und dem Ton steht.

Die Aufmerksamkeit erzeugt durch das Fühlen ist sehr wertvoll und delikat. Es ist ein essenzieller und beruhigender Bestandteil in menschlichen Beziehungen.

Das sensorische Wahrnehmen und die Aufmerksamkeit

Die Aufmerksamkeit welche du produzierst, indem du dich selbst und dann andere spürst, ermöglicht es dir, eine präzise und kostbare Qualität der Aufmerksamkeit zu schaffen.Um die Analogie von Lebensmitteln zu verwenden, ist die Aufmerksamkeit, die durch das Spüren erzeugt wird, eine Qualität hochwertiger Nahrung, mit der wir uns selbst und andere ernähren. Aufmerksamkeit ist eine grundlegende Nahrung des menschlichen Lebens. Es passiert oft, dass eine angespannten Situation ein positives Ergebnis hat, einfach weil die Beteiligten unbewusst gemeinsam beschließen, sich gegenseitig genug Aufmerksamkeit zu schenken, um eine friedliche und entspannte Atmosphäre zu schaffen, in der sie ihre Differenzen lösen können.

Frei von Aufmerksamkeit

Je mehr du dich daran gewöhnst, in dir selbst zu sein und eine aktive Verbindung, mit deinem Körper zu haben, desto weniger Aufmerksamkeit benötigst du von anderen.
Gleichzeitig ist deine Fähigkeit zu spüren das Produkt eines Niveaus innerer Aufmerksamkeit, dass dir auch eine größere Freiheit in Bezug auf deine eigenen Bedürfnisse an Beachtung ermöglicht.
Dieses frei sein nach einem Bedürfnis an Aufmerksamkeit, kann dich dann auf natürliche Weise dazu bringen, anderen zu dienen, eine Form der bürgerlichen Pflicht, die sowohl subtil als auch wesentlich ist.

Das positive skandieren des Körpers

Dies ist ein einfaches, aber effektives Verfahren zum Üben einer positiven Form des Körper-Scans.

SETZE DICH BEQUEM HIN UND WERDE DIR LANGSAM DEINES KÖRPERS BEWUSST.
ACHTE AUF DEINE ATMUNG DIE SICH SANFT EIN UND AUS BEWEGT.
BEGIB DICH DANN AUF EINE SENSORISCHE REISE OHNE EINE BESTIMMTE VORGEGEBENE REIHENFOLGE DURCH DIE VERSCHIEDENEN TEILE DEINES KÖRPERS.

DER ENTSCHEIDENDE PUNKT IST, DASS DU DEINEN KÖRPER ÜBER DIE FORM UND DAUER DER SENSORISCHEN REISE ENTSCHEIDEN LÄSST UND NICHT DEN VERSTAND.

Sensible Kommunikation

Wir denken normalerweise, daß Kommunikation darin besteht, von ´A` nach ´B` zu gehen, indem es einen Sender und einen Empfänger gibt.
Der Sender würde Person ´A` sein und der Empfänger Person ´B`.
Bei der Entwicklung unserer Wahrnehmungsfähigkeit können wir das Sehen und das Wahrnehmen aus einem anderen Blickwinkel betrachten.
Aus dem Grund weil Sender und Empfänger ein und dieselbe Person ist.
Dies ist Grundlage für ein neue, aber gleichermaßen traditionelle Methode der Kommunikation.

Gut mit anderen kommunizieren zu können, setzt voraus zu uns selbst einen guten Kontakt zu haben.
Das ist etwas ganz anderes, als wir uns die tägliche Kommunikation mit anderen vorstellen.
Um sich richtig mit anderen zu verbinden, ist es zunächst essenziell, sich sensibel mit sich selbst zu verbinden.

Indem wir eine tiefe und echte Verbindung zu uns selbst und unseren Gefühlen haben, können wir dann mit anderen kommunizieren, ohne uns zu sehr mit ihnen zu identifizieren.
Eine gewisse Distanz zu anderen zu halten, ist ein effektiveres Maß an Nähe und bietet eine subtile und angenehmere Grundlage für die andere Person.
Es ist auch eine sehr wertvolle Möglichkeit, eine harmonische und effiziente Kommunikation mit anderen Menschen in vielen anderen unterschiedlichen Kontexten herzustellen.

Mit den Händen wahrnehmen

Das Spüren mit den Händen ermöglicht es dir, sanft in deinem Körper zentriert zu bleiben.
Deine Hände nehmen auf Grund ihrer unterschiedlichen Funktionen und Rollen einen wichtigen Platz im Gehirn ein.

Wenn du beispielsweise daran gewöhnt bist, ein starkes Gefühl der Verbundenheit mit deinen Händen zu haben, leidest du weniger wahrscheinlich unter bestimmten Arten von emotionalem Stress wie Angstzuständen oder Depressionen.

Es ist interessant festzustellen, dass wenn man über die Aufmerksamkeit und das Wahrnehmen der Hände einen starken Kontakt zu ihnen hält, dieses auch einen positiven neurochemischen Einfluss hat.

Es ist auch bekannt, besonders unter jenen, welche einen hochentwickeltes Bewusstsein für ihren Körper haben, dass es unmöglich ist ärgerlich zu sein und dabei gleichzeitig die eigenen Hände zu spüren.

Tatsächlich kann das Spüren unserer Hände als eine Art Blitzableiter fungieren, der emotionale Stürme neutralisiert, die für unsere allgemeine Gesundheit und unser Wohlbefinden schädlich sind.

Genauso, wenn du dich übermäßig aufgeregt oder euphorisch fühlst und dich dann erinnerst, deine Hände zu spüren, wirst du schnell in der Lage sein dich zu stabilisieren und neu zu fokussieren.
Dann wird dein Körper auf natürliche Art und Weise ein Gefühl physisch friedlicher und harmonischer Freude erzeugen.

Einfach Atmen

Die Atmung spielt bei diesen Techniken eine wesentliche Rolle. Der Körper bewirkt auf natürliche Weise, dass der Atem mit dem gegenwärtigen Moment harmonisiert.Das sind Erfahrungen aus langjähriger Praxis.

Gibt es ein Verfahren, das uns helfen kann, unsere Atmung auf einfache und effektive Weise zu stabilisieren und diese Vorteile zu erzielen?

Die Antwort ist so einfach wie die Frage: indem man sich gelassen und entspannt mit dem Atem verbindet.
Diese Verbindung funktioniert ohne besondere Anstrengung von uns selbst.
Es genügt, sich des Atems aktiv bewusst zu sein und ihn seinen eigenen Weg finden zu lassen, um sich im Einklang mit dem Körper auszubalancieren und zu organisieren.

Werde dir klar, deine Rolle in diesem Prozess besteht darin, präsent und gelassen wie möglich zu sein, damit deine Atmung und dein Körperrhythmus sich harmonisieren können.

Das interessante Paradoxon dabei ist, daß je weniger wir versuchen uns einzumischen, desto besser kann es laufen.
Je mehr wir uns aus Gewohnheit oder Konditionierung einmischen, desto weniger funktioniert es.

Die Illusion von Aktivität und echter Passivität

Wir alle sind in unterschiedlichem Maße auf ein mentales Muster konditioniert worden, welches hauptsächlich darin besteht, zu denken, dass es besser ist zu handeln, als nichts zu tun.

Im gegenwärtigen Kontext der Entwicklung unserer Wahrnehmungsfähigkeit kann unser Verstand uns also dazu veranlassen zu denken, dass wir in jeder Hinsicht handeln müssen, um ein positives Ergebnis zu erzielen.

Als Resultat machen wir dann eine Menge zusätzlichen Lärms, um den Eindruck zu erwecken aktiv zu sein.
Diese Pseudoaktivität ist eigentlich eine Illusion und in Wirklichkeit eine Form von passivem Verhalten.

Wenn du zum Beispiel versuchst, deine Fähigkeit besser zu Atmen und zu Spüren dadurch zu entwickeln, indem du dir vorstellst die ganze Zeit hektisch beschäftigt sein zu müssen, werden die Ergebnisse enttäuschend sein.

Tatsächlich ist die Pseudoaktivität in unserem Lernkontext tatsächlich eine Form nutzloser Passivität.

Dabei geht es darum, subtil zu arbeiten, als ständig „aktiv“ sein zu müssen.

Es ist gleichbedeutend mit dem Versuch, ein Auto über die Straße zu schieben, wenn wir einfach im Auto sitzen und die Fahrt geniessen können.
Die Denkweise der subtilen Anstrengung wird im Laufe der Zeit durch regelmäßiges Üben und Gewohnheit allmählich etabliert.
Eine Form der subtilen Aktivität besteht beispielsweise darin, sich regelmäßig selbst zu spüren oder auf die Atmung zu hören.

Der subtile Ansatz ermöglicht es uns, ein viel klareres und breiteres Bewusstsein zu erlangen, sowohl für uns selbst als auch für andere.
Über Worte hinausgehend, bedeutet es, die Erfahrung des „Wissens“ zu machen, im Sinne des Sprichwortes:

„Wer schmeckt, der weiß.“

Der Duft der Dinge

Wenn du durch deine regelmäßige Praxis und Nähe zu deinem Körper ein zunehmendes Bewusstsein für ihn entwickelst, wirst du dir auch des subtilen „Duftes “von Wesen und Dingen bewusst.

Jede Person, jedes Wesen hat einen „Duft“, eine Atmosphäre um sich herum, die man einfangen und mit der man sich verbinden kann, indem man seinen eigenen Körper spürt.

Das Verfahren dafür ist einfach wie bei allen anderen.
Je wichtiger der regelmäßige Kontakt mit deinem Körper für dich wird, desto mehr wird die Energie aus diesem Kontakt dein Bewusstsein für deinen ganz persönlichen Duft erhöhen.
Diese Gefühl der Freundschaft und des Vertrauens in sich selbst, dass weil es eher physiologisch als psychologisch ist und daher zuverlässiger, hat die Wirkung , deinen bewussten und unbewussten Geist zu beruhigen.

Das trägt dazu bei ein Gefühl des Friedens in dir zu schaffen, das ist positiv und wesentlich.
Dies wiederum hilft dir deinen „Friedensduft“ zu entwickeln, der es dann ebenfalls anderen ermöglicht sich mit ihrem eigenen „Friedensduft“ zu verbinden.

„ Gleiches zieht Gleiches an.“

Übertragung des Körperbewusstseins

Die Methode, die verwendet wird, um dieses Wissen über das Empfinden unseres Körpers zu vermitteln, ist einfach die der praktischen Analogie.

Es ähnelt in seiner Art dem Mentoring, das von erfahrenen Handwerkern beim Unterrichten eines Handwerkers verwendet wird.
Der Handwerker vermittelt den größten Teil seines Wissens durch praktische Erfahrung.

Wenn du also über eine solide und zuverlässige Verbindung zu deinem Körper verfügst, wirst du vielleicht feststellen, dass du in manchen Menschen ein echtes tiefes Interesse an dir und an dem, was du auf einer inneren Ebene tust, weckst.

In dieser Situation ist es eindeutig sinnlos, lange Erklärungen darüber zu geben, was du tust.

Es ist besser hier einfach zu sagen: „ Ich bin mir meines Körpers regelmäßig bewusst und fühle mich dadurch viel besser. Das ist das ganze Geheimnis."
Mit anderen Worten, wir können effektiv über unser Gefühl der Präsenz vermitteln, wer wir sind. Theorie und Erklärungen sind in diesem Zusammenhang überflüssig.
Das wichtigste ist, zu vermitteln, wer du bist und was du tust, physisch und auf einer inneren Ebene, durch dein Gefühl der Präsenz.

Wahrnehmung und Unsichtbarkeit

Je mehr du deine Wahrnehmungsfähigkeiten entwickelst, desto mehr wirst du dir deiner Fähigkeit bewusst „unsichtbar" zu sein oder besser gesagt, dich wohl dabei zu fühlen, unsichtbar zu sein.

Je mehr dies zur Gewohnheit wird, desto mehr wird dein Körper dich dazu führen, bestimmte Verhaltensweisen aufzugeben und andere anzunehmen.

Das ist es, was wir als Wissen bezeichnen oder gesundes Verhalten der Wahrnehmung.

Es ist natürlich, dass unser Ego selbstsüchtige Wünsche hat, die uns von unserem wahren Selbst wegführen können und dass wir sichtbar sein, gesehen und anerkannt werden wollen. Diese egoistischen Bestrebungen sind in Wirklichkeit weder gut noch schlecht. Sie sind was sie sind: die normale Aktivität des Egos.

Es kann jedoch für uns nützlich sein, unsichtbar zu sein, wenn wir spüren, dass unser Ego möchte, dass wir sichtbar sind, aber ohne gute Absichten. An diesem Punkt können wir auf einer inneren Ebene einem von zwei Pfaden folgen.
Wenn wir uns für den Ego-Pfad entscheiden, werden wir uns nicht mehr so zentriert fühlen, weil wir uns von unserem Körper entfernt haben.
Die zweite Möglichkeit: wenn wir nicht dem Ego-Pfad folgen, dann bleiben wir mit unserem Selbst verbunden.
Dann entwickeln wir ein ruhiges Gefühl friedlicher innerer Freude, als Ergebnis der frei getroffenen Entscheidung sich mit dem wahren inneren Selbst dauerhaft zu verbinden, anstatt zu versuchen, der „leuchtende Stern" im Leben aller anderen zu sein.

Die Wahl des richtigen Weges in unserem täglichen Leben, hilft uns zentriert zu bleiben und uns wohl zu fühlen.Der Weg des Egos hingegen mit seinen Gefahren und Fallstricken hat selten für jemanden einen positiven Ausgang.

Zu lernen, dass unsichtbarer zu werden uns Freiheit gibt und wir uns in der Welt mit uns selbst wohler fühlen ist wichtig.

Der natürliche Wert beim Spüren des Körpers

Durch die regelmäßige, sanfte Praxis des Kontaktes mit deinem Körper wirst du dir immer mehr der natürlichen Werte bewusst, die mit einem größeren Wissen über deinen Körper einhergehen.
Diese Werte sind im wesentlichen mit dem Konzept des Dienens verbunden: Helfen, Mitgefühl, Empathie, Zuhören und Einheit.

Dies sind keine religiösen oder moralischen Werte, die durch irgendeine Form von Konditionierung eingeimpft werden.

Während das Konzept des Dienens in vielen Kulturen und Religionen ähnlich wertgeschätzt wird, ist es eine Form von körperlicher Weisheit, die alle Menschen teilen.

Diese innere Weisheit des Körpers offenbart sich dir allmählich durch deine Praktiken und andere subtilere, innere Aktivitäten. An diesem Punkt kannst du unter anderem die Bestätigung der Tatsache finden, dass die „Zentriertheit“ und der ständige Kontakt mit deinem Körper und deiner Atmung dich durch deine Anwesenheit in jeder Situation in die Lage versetzt, ein Instrument im Dienst dieser wesentlichen Werte zu sein.

Ein Instrument für das Dienen sein

Wenn du dir allmählich der Werte bewusst wirst, die dem Körper fühlen innewohnen, wirst du immer deutlicher den positiven inneren Zustand in dir spüren, der darin besteht sich selbst als ein Instrument des Dienstes
an diesen Werten zu fühlen und wahrzunehmen.
Infolgedessen konzentriert sich deine Aufmerksamkeit darauf, sicher zu stellen, dass dein Körper als Instrument richtig eingestellt und in gutem Zustand ist, damit er richtig funktionieren kann.
Dies ist der Hauptgrund für die Übungen, damit du ohne Druck überprüfen und sicherstellen kannst, dass du bequem und richtig zentriert atmest.
Die Übungen sind Momente außerhalb der materiellen Routine deines täglichen Lebens , die dir helfen können, danach in einer positiveren Stimmung in die Welt zurückzukehren um dann besser dienen zu können.

Das mag dein Ego verärgern, aber es lohnt sich auf jeden Fall ! Die Macht des Egos, dich zu kontrollieren, wird unweigerlich durch deine innere Aktivität verwässert und das ohne jeden Kampf oder inneren Konflikt nur durch den Einfluss deiner sanften und permanenten inneren Arbeit.

Das Fühlen und das befehlende Selbst

Auf dieser inneren Reise, die du unternommen hast, wirst du dir sowohl deiner Aktivitäten im Zusammenhang mit der Reise als auch die deines Egos immer mehr bewusst. Das ist hilfreich und positiv.Während du dich also aufgrund deines Spürens in deiner Beziehung zu dir selbst wohl fühlst, kannst du gleichzeitig auch Druck von deinem befehlenden Selbst spüren, andere konfrontieren oder dominieren zu wollen.
Wir alle haben diese egobasierten Wünsche.

In unserem gegenwärtigen Kontext wird Erfolg jedoch nicht dadurch erzielt, dass man gegen das Ego kämpft, sondern indem man <u>nicht</u> gegen es kämpft.Es ist ein häufiger Irrtum zu glauben, dass man gegen das Ego kämpfen muss, wie man es gegen einen Feind tun würde.

Das Ego und das befehlende Selbst sind nicht der „Feind“.
Sie haben spezifische, nützliche Funktionen, zu denen auch gehört, dass wir lernen, ihren Ideen und Vorschlägen nicht zu folgen.

Mit anderen Worten, innere Freiheit und ein natürliches Gefühl des inneren Friedens kommen *durch* das Ego, anstatt gegen es zu kämpfen.

Der positive Gebrauch des Egos

Die Funktion des Egos ist es, dir zu helfen, dich zu verbessern und dich selbst besser wahrzunehmen. Vor allem, wenn man an einen inneren „Scheideweg" im Leben kommt.

Mit anderen Worten, wenn du zwischen den Pfaden ´A` und ´B` wählen musst:
-´A` ist die Option, bei der du eng mit deinem Körper und deiner Atmung verbunden bleibst und dadurch ein Gefühl tiefen inneren Friedens erfährst;
-´B` ist die Wahl, wo du dem befehlenden Selbst folgst, indem du eine Position von Macht und Herrschaft einnimmst.

Es ist natürlich, dass wir zunächst normalerweise den Weg des Egos wählen.
Dann kommen wir durch unsere regelmäßige konsequente Praxis langsam und natürlich zu der Erkenntnis, dass wir tatsächlich von unserem Ego mit seinen Gefühlen des Leidens und der Einsamkeit gefangen sind.

Die tiefe Verbindung die wir mit unserem Körper haben, entwickelt durch das fühlende Erfahren, hilft uns dabei uns freier und besser zu fühlen. Wir sind dann weniger abhängig davon ständig sichtbar sein zu wollen. Denke daran das Ego hat die positive Funktion uns beizubringen, ihm <u>nicht</u> zu folgen.

Eine Übung, welche die Körperwahrnehmung aktiviert

Diese Übungen beinhalten drei kurze Pausen während des Tages, um die Welt zu verlassen und dann mit einem besseren Gefühl zurückzukehren, als es war bevor du sie verlassen hast.

Plane einen kurzen Zeitraum am Morgen, Mittag und am Abend ein.

BRINGE DICH IN EINE BEQUEME HALTUNG UND SPÜRE DEINEN KÖRPER ALS GANZES.

FÜHLE DEINEN ATEM ALS OB DU IHN BEOBACHTEST.

BEGINNE LANGSAM DEINE REISE DURCH DEN KÖRPER, INDEM DU BEIM LINKEN FUSS ANFÄNGST DANN WANDERE DURCH DAS LINKE BEIN UND VON DORT DURCH DEN LINKEN ARM UND DIE LINKE HAND.

LENKE DEIN FÜHLEN UND DEINE AUFMERKSAMKEIT ZU DEINEM UNTERBAUCH UND DANN DURCH DEINEN BRUSTKORB UND DEN HALS.

VON DORT WANDERE MIT DEINER AUFMERKSAMKEIT ZU DEINEM UNTEREN RÜCKEN BIS HOCH IN DEN NACKEN.

DANN LENKE SIE ZU DEINEM KOPF, DEM GESICHT UND DER KOPFHAUT BEVOR DU MIT IHR NACH UNTEN GEHST ZU DEINEM RECHTEN ARM UND DEINER RECHTEN HAND UND WEITER DEN GANZEN WEG NACH UNTEN ZUM RECHTEN BEIN UND DEM RECHTEN FUSS.

Jede Reise durch den Körper ist unterschiedlich, weil sie immer im gegenwärtigen Moment stattfindet. Dort finden wir unseren eigenen inneren Reichtum.

Das Wahrnehmungsdreieck

DAS UNTEN STEHENDE DIAGRAMM ZEIGT IN GEOMETRISCHER FORM DIE WAHRNEHMUNGSSÄULE, DIE DURCH DEN DREIKLANG AUS SEHEN, HÖREN UND SPÜREN REPRÄSENTIERT WIRD.

Sehen

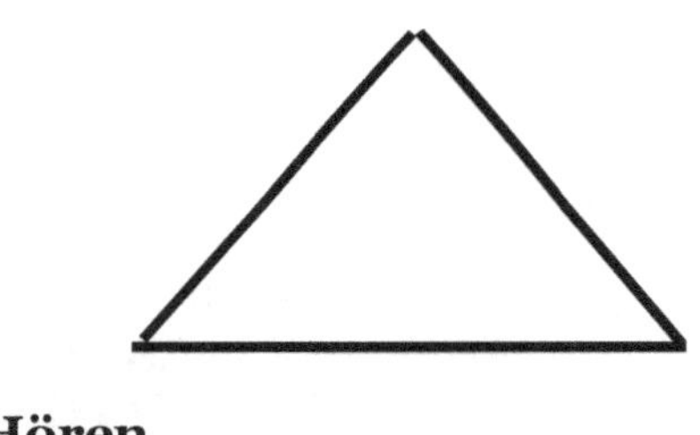

Hören **Fühlen**

Denke daran:

Das Spüren ist ein Sinn wie das Sehen und das Hören. Warum sollte man es sich selbst vorenthalten, indem man es nicht benutzt.

Einige der Vorteile der Verbesserung deiner Wahrnehmungsfähigkeit

Die Resultate die allmählich zum Vorschein kommen sind:

EIN ZUNEHMENDES BEDÜRFNIS NACH ÄUSSEREM UND INNEREM FRIEDEN.

ES WERDEN SICH RUHIGERE UND STABILERE STIMMUNGEN EINSTELLEN.

DIE ENTWICKLUNG EINES AUSGEWOGENEN GEFÜHLES FÜR EMPATHIE .

EIN KONTINUIERLICHER SINN FÜR DAS DIENEN.

EIN UNBEWUSSTES STÄNDIGES GEFÜHL INNERER FREUDE.

EINE POSITIVE INNERE BEZIEHUNG ZU SICH SELBST..

Es gibt noch viele andere Vorteile und positive Nebeneffekte, die ebenfalls auftreten können. Es liegt an dir diese zu beachten und aufzuschreiben.

Schlussfolgerung

Wir sind am Ende dieses ersten Bandes über den Gebrauch des Fühlens als menschlichem Sinn angelangt.

Führe die Übungen regelmäßig aus und du wirst hoffentlich positive Ergebnisse erzielen, die sowohl für dich als auch deine Lieben von Vorteil sind.Ich hoffe, dass du bald wieder dabei bist, um dann auch den zweiten Band zu lesen. Ich wünsche dir viel Erfolg bei allem was du in der Zwischenzeit tust.

„Der Pfad ist nirgendwo zu finden, ausser im menschlichen Dienst.“

Idries Shah

www.ingramcontent.com/pod-product-compliance
Lightning Source LLC
La Vergne TN
LVHW041524190726
843491LV00009B/2907

* 9 7 8 3 7 5 9 7 4 9 7 6 5 *